서울의 밤

양
희
범
지
음

목차

1. 서울

신정 네거리 _10

무지개 유치원 _13

마포초등학교 _16

91년 _19

젊음의 거리 _23

스타벅스 _26

슈뢰딩거의 고양이 보은 _30

맛조개의 관음 _33

타임스퀘어 _36

동교동 삼거리 _40

죽은 사람의 손가락 _43

택배 상자가 왔다 _46

2. 울다

이면의 아이 _50

지는 사람 _52

이른 봄 _54

무리해 _56

무화과 _59

부정의 사랑 _60

미련한 여름 _63

여름과 겨울 사이 _65

오애(汚埃) _68

척추가 삐뚤어진 건 우연이 아닐지도 _69

개와 늑대의 시간 _72

천사가 무색하게 _76

마침표 _79

3. 의미

노을 _84

윤회의 집 _86

유년의 사막 _88

가을의 궤적 _91

귀가 _94

작은 방 _96

누구나 알지만 아무도 모르는 것 _98

삶의 관 _100

꽃등으로 피어라 _102

사자의 소풍 _104

오른쪽으로 도시오 _107

달맞이꽃 _110

4. 밤

이름 없는 집 _114

세계수 _115

붉은 편지 _117

쓴 시 _119

진아의 숲 _121

시답잖은 시 _125

밤의 단상 _128

비밀 편지 _130

잠의 등대 _131

신체 찾기 _134

밤하늘에 별이 사라지는 이유 _136

5. 서울의 밤

시인병 _140

서울의 밤 _142

스푼 라디오 _146

암묵적인 기억 _149

탱고 오낫다(Tango orNotDie) _151

위성은 출 수 없는 탱고 _153

아브라소(Abrazo) _156

오초(Ocho) _159

우로보로스의 뱀 _162

오뜨라 밀롱가(Otra Milonga) _165

꾸니따(Cunita) _169

송화 _173

1. 서울

그리운 그 이름

한없이 차가운 그곳에서

우리는 사랑을 배웠다

신정 네거리

건너지 못할 사다리를 붙잡고는
벽처럼 서서
빨간불을 응시했다

오른손엔 오백 원을 움켜쥐고
거인들 틈을 비집고 들어가야
건널 수 있는 피안을 향해

신호를 줘, 내가 그곳을 갈 수 있게

찰나로 불들이 사라져 간다
영원히 반복될 것처럼

닿을 수 없는 그 사이의 간격은
멀어만 가는데

손에 쥐고도 얻지 못하는
그걸 꿈이라고 말할 수 있을까

하얀 선을 밟지 않으면 죽는 거야
그건 꿈이니까

바퀴 달린 짐승들이 거리를 누비고 있다
빠르게, 아주 빠르게
쫓아가야지, 더 빠르게

닿을 수 없는 때도 있는 거야
손이라도 잡아 줬어야지

외면하는 시선들은 정면을 향해 있고

언제부터 이렇게 짧았던 걸까
신호를 줘도 알아차리지 못하면
그건 네 잘못이야

네 탓, 네 탓, 네 탓, 내 탓.

모든 게 네 탓이지만
행복만은 네 탓이 아니구나

새하얀 아이스크림을 먹고 싶다던
네 손을 꽉 잡고

무지개 유치원

이름 모를 아이들을 친구라고 불렀다
놀이터에는 언제나 친구들이 가득했다

비행운이 뜨면 지진이 난다는데
왜 그렇게 뛰어다니는 거야
햇살이 너무 뜨거워서 가만히 있질 못하는 거니?
무지개가 뜰 리가 없잖아, 본 적도 없는 걸 왜 원하는 거야
딸기 우유가 얼만지도 모르면서
언제까지 쫓아갈 거야, 개같이 흙바닥을 구르면서

헐떡이지 마
어차피 집에 갈 수 없어
넌 술래니까

친구를 쫓아다닐 뿐인
술래는 나밖에 없는 놀이터에서

운다고 봐줄 리가 없잖아
술래는 언제까지나 술래야

친구잖아

하늘이 맑아
비가 와야 할 텐데
비행운은 비를 만들 수 없을 텐데
유치원 문밖의 아이들을 구경하면서
비를 기다리는 것처럼

구름의 탈을 쓴 아이들이 적란운같이 모여
끊임없이 울어 대면
유치원에는 무지개가 떴다

오빠를 따라가겠다던 동생은
오빠를 기다리며
오빠가 술래인지도 모른 채
돌아올 리가 없는데

무지개 유치원에서

차례를 기다리다 지친 동생은
결국 딸기 우유를 사러 길을 나섰다
돌아올 수 없는 그곳으로

마포초등학교

지구의 관심이 버거웠다
기적 없는 삶을 견디기엔

도망치듯 도화동 꼭대기로 사람들은 모여들었고
달과 가까워지길 바라며 마을을 만들었다

복숭아 열리는 곳은 신선들이 사는 곳이라는데
태어날 때부터 실패할 인생을 계획한 사람이 어디 있겠어
운명이라 말하지 마, 그건 신을 배반하는 일이니까
가지를 꺾지 말아 줄래, 복숭아가 열릴 테니까

믿음이 생기면 아이들이 지상으로 내려올까 두려워
거세를 시킨다는데,
저주받은 패역도들
그것마저 대물림해 줘야 했던 걸까
언제부터 신앙이 질문 없는 순종이었지

말랑한 복숭아는 곧 물러버리니
천도복숭아를 심도록 해
바닥에 떨어져도 버틸 수 있게
멍이 들어도 티가 나지 않는다면 상품 가치가 있을 테니까

삼성과 주공의 격차가 색의 차이만큼 벌어졌다

꿈의 가격을 매긴다면
아이들의 꿈은 얼마짜리일까
심기도 전에 물러버릴 꿈도 있기에

언제까지 믿을 수 있겠니
언제까지 버틸 수 있겠니

달동네의 꼭대기엔 커다란 종을 가진 교회가 있었다
주말마다 울리는 종소리가 주일을 알렸다

종이 울리지 않길 바라며

텅 빈 놀이터에
복숭아꽃 향기만 남아
빈자리를 채웠다

91년

아이가 태어났을 때
양들은 침묵했다

언젠가 만날 거란 말이
예언처럼 들려왔다

심장은 물들었고,
사랑받기 위해 걸어온 나날들이
사랑한다는 말로
저주처럼 되돌아왔다

수락산에는 저주가 걸려 있어
그 동네 사람들은 한 번 자리를 잡으면
잘 떠나지를 못하거든
지독하게 고립된 채 살아가야 하는 거지
다들 뭔지도 모른 채 방황하더라
자기가 주인공인 양

있지도 않은 소설을 쓰며
그렇게 바닥에 눌러앉아
천천히 썩어가는 거야
복숭아에 난 곰팡이처럼

심장에 곰팡이가 피었다
복숭아처럼 멍들어갔다

도시의 열기는
어딘가로 갈지 모르고
조금씩 쌓여갔다
점점 더 꿉꿉하게

등산로를 따라 불빛은 더 선명해졌고
도시는 침묵했다
서울답게

아무도 시킨 적 없는데,
세포 하나하나에 가격이 매겨졌고
지친 밤이면 불이 켜져 잠들 수 없었고

고향을 찾듯
사람들은 계곡으로 모여들었다

뜨거운 열기를 잠재워 줘

에어컨 실외기는 끊임없이 돌아가는데
도시가 잠들 수 있을 리가

계곡으로 뛰어들자
어디로도 도망갈 수 없으니

양들이 사는 도시
털을 벗기듯이 껍질을 씻어내고 나면
곰팡이 핀 속살이 드러나고
도려낼 수 없는 심장이
말없이 뛰고 있고

사랑해
저주는 계속되고,

계곡에서 만나자

흐르는 물이 고이지 않기를

탁해진 계곡의 물 위로
껍질들만 끝없이 떠올랐다

젊음의 거리

살아보지 못한 삶은 언제나 흥미로웠기에,
상상에 중독된 사람들은 온몸을 부르르 떨어대곤 했다
형체를 잃어가는 젊음
종각에는 망령들이 떠돌았다

이름 모를 원한들이 하나둘 쌓여갔다
말이 통하지 않아서였을까
영혼을 잃은 시체들은 언어를 배우기 시작했다

전봇대 아래에는
버려진 음식물 쓰레기봉투들이
형편없이 흩어져
누군 것인지 모를 젊음이
형형색색으로 바닥을 물들였다
바닥에서 나는 음식물 쓰레기 냄새
말하지 못한 말들이 입안에서 시큼하게 맴돌았다

아무도 알아주지 않을 무게를 짊어지고,
종각으로 모여
삐걱거리는 부품이 되기 위해
들지 못할 가면들을 뒤집어쓴 채
하염없이 거리를 채워갔다

고개 들지 못할 그들을 위해
담배 연기가 거리를 가려주고,
버려진 꽁초들이 바닥을 장식하고

죽지 않을 사람은 없는데,
마치 죽음이 뭔지 모르는 것처럼

버려진 늙은 벤치는 못마땅한 듯 삐걱거렸다

거리를 감시하는 건 오직 형광 조끼를 입은,
계절이 바뀐 줄도 모른 채 반소매를 입은,
늙은 고목들

탑골공원으로 시간이 흘러 들어간다
한없이 과거로, 과거로
정직한 시간의 방향으로

어디에나 존재하는,
어차피 회귀하는,
탑골공원

횡단보도를 건너고 나서야 실감하고 말았다
술값보다 값싼 삶을 뒤로한 채,
우리는 거리에 남겨진 젊음을

스타벅스

진아는 스타벅스에 앉아 있었다
손에 책 한 권 없이 아이스 아메리카노 한 잔을 마셨다
아무도 관심 없는 커피의 맛을 음미하며 창가에 시선을 두었다

창밖에는 살색 레깅스를 입은 사람이 서 있었다
아무 옷도 입지 않은 것처럼 보이는 그의 자태,
삶의 흔적을 모두에게 당당히 증명했다
언젠가 이어져 있었을 그 인연의 자국이 그가 태어났음을 말해주었다

그러나 진아는 그의 역사에 관심 없는 듯
그저 그 살색 레깅스만 바라봤다

오로지 커피 하나만을 테이블 위에 두고
책도, 노트북도, 핸드폰도, 그 무엇도 없이
레깅스를 바라볼 뿐이었다

마치 이 세상에 오직 살색만 있는 것처럼
강조되는 그의 둔부에 시선을 떼지 않았다

스타벅스 안 사람들은
살색에 전혀 관심이 없다는 듯
책을 보거나, 노트북으로 일을 하거나,
핸드폰으로 유튜브를 보고 있었다

마치 별일 아니라는 듯
주의를 주지 않았다

찰나의 순간 움직이는 눈들이
그들의 부정을 증명했지만,
그들은 아닌척했다

쉼 없이 눈이 돌아갔다
별들이 은하를 공전하듯
진아만이 시선을 고정한 채
눈을 돌리지 않고 살색의 향연을 지켜볼 뿐이었다

오목한 배, 가슴보다 볼록한 둔부가 비현실적이었지만

그는 여전히 기다렸다
사람을 기다렸다
어쩌면 사랑을 기다렸다
오로지 진아만이 아는 사실이었다

눈부신 햇빛을 손으로 가린 채
선글라스도 없이 길 위에 서서
스타벅스에 들어오지 않은 채
그는 기다릴 뿐이었다

진아는 눈을 떼지 않았다
시간은 계속해서 흘러갔다

시나브로 팔만 칠천육백육십 시간이 지나갔고,
기다림을 포기할 수 없었다

스타벅스에는 여전히 손님이 붐볐고,
진아는 여전히 아이스 아메리카노를 마셨고,
테이블 위에는 여전히 컵 하나뿐,
진아는 여전히 창밖에 그가 기다리는 걸 기다렸다

끝끝내 그는 기다림을 이기지 못했고,
결국 스타벅스로 들어왔다

진아만이 창밖에
시선을 떼지 않은 채
그를 기다렸다

슈뢰딩거의 고양이 보은

정류장에 서서 버스를 기다렸다
죽음을 눈치채지 못했다는 건 아직 삶을 잘 모르는
까닭일 테니

태어남을 축복하기 위해 우리는 생일을 기념하는데,
너는 왜 울고 있는 걸까

생일 선물을 받았다
기다리던 버스 대신
고양이는 수줍게 인사하며 상자를 건넸다
검은 상자를

상자 안의 무언가가 요동쳤고
버스를 기다리던 나는,

검은 상자 안에 무엇이 있습니까

검은 상자 안에는 무엇이 들었는지도 모르는데
약속이나 한 것처럼 선물이라고 말했다
생일이니까

검은 상자 안에 담겨있는 케이크
검은 케이크 위로 새빨간 딸기가 기적처럼

고양이의 호의를 가늠할 수 있겠니
상자를 열어야 확인할 수 있겠지, 고양이처럼

버스가 정류장으로 들어오기 시작한다
상자의 운명이 정해지는 순간

검은 상자는 보은입니까

버스가 정류장에 다다르면 버스를 타겠지, 숙명처럼

생일 축하해
버스가 떠나기 전까지
믿기로 하자
버스에 타서 고양이를 떠날 때까지

상자 안의 호의가 음식물 쓰레기통에 버려질 확률은

맛조개의 관음

두 손을 모은다고 모두가 기도는 아닌데,
기적을 바라는 건 다름이 없고
서로에게 의미가 될 수 없다는 걸 알면서도
충족되지 못할 의미를
관음했다

스님이 염불을 외듯 중얼거린다고
성불 되는 것도 아닐 텐데

중처럼 입안에서 말들이 맴돌고,
믿음을 사랑하듯 고개를 처박고,
눈알만 굴려댄다

증명될 수 없는 사랑을 사랑이라고
말하면서
믿지 않는다며
지독히 혐오하고

결국, 중독되고

테이블마다 사람들이 조개처럼 굳어간다
맛조개처럼 펄에 숨어서, 관심을 기다린다

침을 삼킬 수 없어 숨쉬기 힘들거든
숨 쉬는 거야, 액정에 뱉어대며
그제야 직성이 풀리거든

더러운 타액으로 증명받으며,
그렇게 숨을 쉬고

우리는 언제부터 존재했던 걸까

아무도 물어보지 않는 질문들을 꼭꼭 숨긴 채
어차피 객관은 모두가 주관일 텐데

인간이 되기 위한 필요조건
그렇게 조건을 채워가고,
중독되어 가고,

숨을 쉴 수 있는 거지

그러니 이제부터 의식하자
그게 증명이야

점점 호흡이 가빠 올라
펄 속에 가라앉듯 불편해지고

인간답게 살자
알 수 없는 말들에 소금을 뿌려놓고
점멸하는 핸드폰 화면에 고개를 숨긴다

타임스퀘어

겨울이 눈물을 흘립니다
눈물의 흔적은 바닥에 쌓입니다
슬픔은 바닥에도 외면당해 쌓이고 쌓여서,
검게 물들어 이리 치이고 저리 치일 때까지 그 흉터를 남겼습니다
겨울이기에 보이는 이별이었습니다

넘어서지 못할 경계에 서 있는 것처럼
바닥에는 여전히 눈이 쌓여있습니다
모든 것에는 때가 있다는데,
당신의 시간은 어디로 향하고 있나요
우리가 마주할 광장은 어디에 있나요

영등포에서 만나자
당신은 말했습니다

그 시간 속에 내 자리가 있나요
내가 물었습니다

당신은 아무 말 없이 약속된 시간을 말합니다
나를 초대하는 것처럼

광장에는 사람들이 가득 차서
나는 설 곳을 잃었고,
쌓인 눈을 따라 외곽을 겉돌다
작은 카페에 앉아서 당신을 기다렸습니다
당신의 시간을 기다렸습니다

약속된 시간이 왔고,
당신은 캐러멜 마키아토 한 잔을 들고 나타났습니다
여전히 삶을 빼내는 중인 나는
아메리카노를 놓지 못했지만
당신은 이제 과거를 빼지 않아도 된다고 했습니다
나는 그저 식은 커피를 홀짝일 뿐이었습니다

시간이 흘러갑니다
컵이 비워지고 있습니다
경계는 조금씩 선명해집니다
시간이 됐다며 그녀는
광장에 가야 한다고 합니다
그녀를 따라 카페를 나섭니다

문 앞에는 언제 붙었는지 모를 문구가
입춘대길立春大吉 건양다경建陽多慶

여전히 눈은 구석에 처박혀 쌓여있습니다
시간이 가는지도 모른 채

계절이 변합니다
계절이 멈춥니다
서로의 시간이 다른 방향을 향하고 있습니다

당신은 마지막 인사로
행복하길 빈다고
말했습니다

겨울을 향한 인사였습니다

내일은 봄비가 내릴 겁니다
눈이 다 녹을 겁니다

내일은 우리가 사라진다고 합니다
겨울은 당신을 차단했습니다

동교동 삼거리

그녀가 일을 마칠 새벽이 되면
경건하게 놀이터에 앉아
그녀가 오길 기다렸다

다소곳하게 다리를 모으고
하루가 지난 잠을 접어
그녀를 맞이했다

이건 그녀와 나
둘만의 의식이었으니까

그녀가 지친 몸을 이끌고 내게 오면,
기꺼이 두 팔과 어깨를 내어
그녀의 머리를 맞았다

품에는 그녀의 향기가
영역을 표시했고

그것으로 난 마음을 증명했다

네 팔은 나를 위해 존재하는 거야
팔베개를 해줘, 나만을 위해

공양을 올리는 스님처럼 눈을 감고
단지 내어줄 뿐

받을 수 없다는 걸 알면서도
그저 그녀의 행복을 빌었다

비어 있는 목을 찬 바람이 감싸도,
그녀가 들을 수 없는 말들을
염불처럼 외웠다
그녀가 들을 수 없을 마음을

연남동과 창천동 사이에서
갈피를 잡지도 못한 채,

그녀를 따라가지도
보내지도 못한 채,

그저,
그녀를 위해 기도했다

죽은 사람의 손가락

마포대교에 설치된 자살 방지 펜스가
몸뚱이의 자살을 막자
아가는 마음을 죽였다
거짓말처럼 장마가 시작됐다

죽으면 그만이야
유행처럼 번진 그 말이
비가 되어 내린다

비를 피해야지
아가야, 숲으로 가자
서울숲으로
서울에서 우리가 갈 곳은 그곳뿐이니

서울숲에는 수많은 아가가
넋이 빠진 채로 누웠다
지푸라기 하나 잡지 못한 채

영혼이 죽으면
그 넋의 무게만큼이 사라진대
그 가볍디가벼운 무게가
보이지 않는 마음의 죽음을 알린대
죽고 나서 홀가분해지는 거지
느끼지 못하면 아무것도 없는 걸 테니
눈물이 나는 거지

느끼지 못해도 눈물이 날 수 있을까

삶이 망해서가 아니에요
그녀의 마음이 떠난 것도 이유가 될 순 없죠
헤어질 걸 알면서 만나서도,
죽을 걸 알면서 살아가서도,
그 모든 건 이유가 될 수 없어요
사람은 사랑이 죽으면 삶을 잃어요
그 각진 마음을 깎고 나야 깨닫고 마는 거죠

눈물이 넋을 달래줄 거예요
한없이 가벼워지는 게 느껴지나요
마지막으로 서로를 안아주기로 해요
숲이 되고 싶어, 나무와 포옹하고 싶어요

끝내 잡지 못하고 뻗어진 손가락들
자살은 죄라며 죽지 못해 서울숲으로 모였다
검게 물든 넋들이 잡지 못한 미련으로 나무를 붙잡았다

택배 상자가 왔다

던져지듯 들여왔으나
포장지마다 설렘이 묻어났다

내동댕이쳐지고
욕을 들으며 옮겨졌을
그 한때의 수고들을 뒤로하고
숨기듯 꽁꽁 쌓여 사연을 감추고
내게로 왔다

상자를 뜯으며 마지못해 고개를 끄덕이면서도
모든 게 중력 때문이라 핑계를 대고,
형체도 남기지 못해 분해될 상자를
찢었다

찢기고 나면 버려질 게 당연하지만
없어지고 나야 끝날 운명이기에

늦은 저녁 가로등만 점멸하는 어두운 길에
폐지들이 모여
텅 빈 골목을 채웠다

오가는 사람들을 방해하지 못하도록
전봇대 한편에 차곡차곡 쌓여
어스름한 새벽에 다가올 리어카를 기다렸다

2. 울다

삶이란 죽어가는 과정이다

인생은 포기를 배우는 과정이다

우리는 눈물로 감정을 배웠다

이면의 아이

그녀는 지금 서 있다
아마 서 있을 것이다
나는 그녀의 얼굴을 볼 수 없다

점 찍어 선을 만든다 한들
점은 선이 될 수 없기에
아무리 그어봐야 나는 설 수 없다
차원이 다른 아이였다

내 방에서 시간의 축을 거둬 버린다면
방 안에는 온갖 것들이 가득 찰 것이다
끝없이 방 안을 채우다 결국 폭발할 것이다
그리고는 아무것도 남지 않을 것이다

시간의 축을 뺄 수만 있다면

나는 지금 그녀를 그리고 있다
그녀는 지금 서 있다
얼굴을 알 수 없기에
점으로 그녀를 그릴 뿐이다
보이지 않는 세계에서

지는 사람

얼마나 울었던 건가요
당신이 머물던 바위에 작은 구멍들이 가득합니다
얼마나 많은 시간을 이 자리에서,
눈물을 흘렸던 걸까요

그대 눈물방울들이
오래도록 한 자리에
집요하게 떨어졌던 탓에,
벚꽃이 지고서야 돌아왔습니다

사랑한다는 말을 사랑하지 않겠다
지는 꽃을 보며 다짐했습니다

유난히도 야경이 아름다운 밤입니다

비가 옵니다
아마도 비일 겁니다

중력을 견디지 못한 그리움들이 흘러내립니다

당신은 고개를 끄덕입니다
고개를 끄덕일 수 있다는 건
중력을 이겨낼 수 있다는 걸지도 모르겠습니다

지는 게 이긴 거라던 어머니 말씀이 귓가를 맴돕니다
흔적 없이 지면 난 당신을 이긴 걸까요
사랑을 이길 건 없다던데 나는 하염없이 지고 있습니다

봄에도 비는 내릴 것이기에
당신의 봄은 울고 있나요

여전히 우리는 지고, 떨어지고, 사라집니다

고개를 숙여야겠습니다
그 무게를 느끼지 못할 때까지

이른 봄

봄이 왔다면
철쭉을 꺾어줘
나를 위해

진달래를 보며
너는 말했다

봄이라 말하기 이른데,
쉽사리 넌 사랑이라 말했고
자줏빛 바위 가에서
암소를 놓지 못한 채
나를 부끄러워했다
철쭉을 바라면서도

철쭉 하나 피지 않은 봄인데도,
없는 사랑을 있다고 지어내며
결국, 걸음이 머뭇거려지는 봄에 이르고

나를 위해서라도 몸조심하세요

너를 위해
철쭉을 찾아야지

봄이 왔다며,
철쭉이 피기를 염원하며

주문을 외웠다
진달래, 진달래, 진달래, 진달래

만약 내가 봄에 이른다면
사월에도 철쭉이 필 것이다
잔인하게도 그 꽃은 아름다울 것이다

그때, 그 꽃을 네게 바칠 것이다

무리해

휘영한 밤하늘을 건넜다
또다시 반복될 하루에 질려 눈 감아 버렸고
시답지 않은 글자들이 시들어 숨죽이고 있다

들뜬 달이 안녕을 고했고,
눈뜬 하늘 아래 구름이 들어 아침을 막았다
어두컴컴한 눈앞이 익숙해 눈을 뜰 수 없다

뻔한 말들은 언제나 위로를 가장해
구름으로 완전히 해를 가릴 수 있을 리가

네 말은 너무 뻔해서 시답잖게 드러났고
시가 되기 위한 완벽한 필요조건이 충족됐다

무리한 요구들이 무리로 하늘을 가리면,
무리해, 널 베끼며 시를 썼다

커튼 없는 창으로 불청객은 늘 찾아오고
무리하지 않으려 했는데 무리할 수밖에

인사를 건네며 웃었다
가식적이지만,
별 볼 일 없기에 별수 없이 창문을 열어 손님을 맞이
할 수밖에

아침을 증명하듯 하늘에는 해가 떴고,
밝은 빛에 낯부끄러워
눈살을 찌푸리며
무리했다

눈을 뜨기 위해
무리해

실눈 사이로 빛이
무리해가 뜬다

너는 조만간 비가 올 거라 했다

비가 오면 이 시가 마무리될 거라고

무화과

가지가 날 때 꽃눈이 자랐다
눈을 떼지 못해 눈빛을 남겼다
보지 못한 날에는 눈물을 흘렸고
나무가 자랄 만큼 충분한 물이었다

나이테를 볼 수 없었지만,
꽃이 필 거라 믿으며 기다렸다
끝내 피지 않을 꽃을 사랑이라 믿으며

피우지 못할 꽃

믿음은 피지 못해 익어야 했다

익다 못해 물러진 열매가
땅에 떨어졌고
벌레들이 모여
허기진 배를 채워갔다

부정의 사랑

넌 항상 다른 사람과 함께 밤을 보내고 온 날이면
나에게 사랑한다고 메시지를 보냈다

왜 우리의 마음은
인스타그램을 벗어나지 못할까

빈 하트들이 채워지기 위해 애쓰고 있다
애쓴다고 달라지는 게 없을 텐데,
애(愛)라도 써 보며 버티고 있다

사랑한다고 말해주겠니
사랑을 확인할 방법이 내게는 이것뿐이야

좋아요의 개수가 사랑의 증명이라면,
나는 아무도 모르는 곳으로 가서
아무도 알 수 없는 계정을 만들어
사진을 올릴게

그 하트가 오직 하나이길 바라며

조용했던 그 밤에,
좋아요, 알림만큼이나 조용했던 그 순간에,
핸드폰은 울지 못했고
닳아버린 지문만이 액정 위로 흔적을 남겼다

이 진동을 사랑이라고 말할 수 있겠니?

보일 수 없는 사랑이
보이기 시작한다

넌 참 부정적이야,
부정적인 애는 집착하잖아,
그건 사랑이 아니야
부정적인 생각을 좀 버리는 게 어때?
항상 의심만 하지 말고

부정을 저지른 네가 부정적인 내게 말했다

나는 말없이 고개를 끄덕이며 두 손을 모았다
네 부정이 걸리기를 기도하며

사랑이 붉게 물드는
아름다운 밤이었다

미련한 여름

결혼하고 싶어

습한 말들이 공기처럼 피부에 달라붙었다
열기를 이기지 못한 표면에선 땀이 났고
무더운 여름은 처서마저 이겨버렸기에
미련하게 미련을 남겼다
여름이었다

결혼하고 싶었으면
나를 피했어야지
만나지 말았어야지
비겁한 말들이 흘렀고

차라리 비라도 내렸으면

지구를 떠나지 못해
주변을 맴돌 수밖에 없는

달처럼 네가

장마를 피해
일기예보처럼 말했다

우산을 챙기면 모든 게 해결될까
별들이 별들의 주변을 맴돈다

벗어날 수 없어

돌고 있다
여름은 길어지고, 가을은 짧아진다
겨울이 온다고 봄이 올까
목적마저 잃어버린 사계는
봄과 가을을 잊는다

결혼하고 싶어?

너의 말들이 모두 묶음 처리된다
미련하게 여름이 늘어간다

여름과 겨울 사이

십일월 태양이 지지 않기에
낙엽이 지기까지
시간이 많은 줄 알았습니다

단풍나무 붉게 물드는 동안
마음 또한 뜨겁게 물들었기에
가을이라 믿었습니다

무르익는 시간이 우리의 결실을
만들어가는 시간이라 믿었습니다

모두에게 공평한 시간이
우리에게만 공평하지 않나 봅니다

우리의 시간만 다르게 흘러갑니다

나는 집어넣었던 여름 옷을 꺼내 듭니다
당신은 지난겨울 숨겨뒀던 패딩을 꺼냅니다

기상청에서는 가을이 사라질 거라 했습니다
우리의 가을이 이렇게 물들어 가는데,
믿을 수 없어 고개만 끄덕입니다
이건 아마 당신 때문입니다

당신은 겨울이 올 거라 했습니다
반팔 티셔츠를 꺼내 입으며,
당신의 말을 믿을 수 없어
또다시 고개만 끄덕입니다

눈이 온다면,
당신은 입을 닫고
고개를 돌립니다

단풍이 지기도 전에,
눈이 온다면,

돌이킬 수 없을 겁니다
아마 우리의 계절은

다시 오지 못할 가을이
바닥에 깔리고 있습니다
여름과 겨울 사이의 거리가
더 가까워집니다

봄이 온다면,
고개만 끄덕이며
끝내 입을 닫습니다

오애(汚埃)

겨울이었다 너는 떠난다고 말했다 오월에 남겨졌던 사랑은 더 이상 사랑이 아니라며, 애쓰지 않기로 했다고, 계절의 끝이기에 끝나는 것이 맞다며, 내게 다 그쳤다 애쓰지 않겠다는 마음은 이미 저 멀리 가버린 결심이기에, 잡을 수 없다는 허탈함에 웃음이 났다 너는 비웃지 말라며 정색했다 창밖으로 눈이 내렸다 네 피부가 겨울처럼 창백했다 오해야 비웃는 게 아니라 허탈해서 웃는 거야 이해할 수 없다는 듯 창문은 요동쳤고, 우산이 없던 너는 그만 가봐야 할 것 같다고 이야기했다 꽃이 다 져버린 낙산공원에서 마지막 꽃잎이 떨어지려 했다 이유라도 알 수 없을까, 녹은 눈처럼 질척거리며 네게 말했다 어쩌면 회색으로 물들어 버린 사랑의 마지막 애씀이었다 넌 참 반짝였었어, 근데 그건 별이 폭발한 흔적이더라 먼지에는 관심 없어 먼지처럼 흩어진 걸 별이라고 하진 않잖아 잘 지내, 겨울에도 아이스 아메리카노의 얼음은 녹아내렸고, 컵 주위로 이슬이 흘러내렸다.

척추가 삐뚤어진 건 우연이 아닐지도

헤어지고 싶다는 생각이 들었다면,
그건 우연이 아닐지도 몰라
우리가 만난 게 우연이 아니었듯이

이유 없이 고개가 틀어질 리가 없잖아
서로가 마주 볼 수 없었던 이유가 있던 거지

척추를 바르게 세워야 했어
그래야 안을 수 있었을 테니까

깍지를 껴서 서로의 척추를 바르게 펴줬더라면,
심장의 박동은 느낄 수 있었을 텐데,
앉아 있지를 못하겠어
균형을 잡을 수 없거든
바닥으로 기울어져 한없이 침몰하고 있어

언제쯤 똑바로 설 수 있을까?

양말에 구멍이 났어
어느새?
그거 흰 양말 아니었나?
바닥이 시커멓다
구멍으로 발바닥만 찔끔 삐져나와선

그렇게 우리는 표류하고

무엇 때문에 널 좋아했더라,

삐뚤어진 거겠지
밥 먹는 것만 봐도 꼴 보기 싫은데

저울은 항상 기울어져 있었으니까
그때 이미 우리의 결말은 정해져 있던 거야
관계의 각도는 변할 수 없으니까

입을 벌릴 수 없을 만큼
틀어져 버린 척추 때문에
점점 말이 없어지고

손을 맞잡을 때마다 통증은 더해간다

맞출 수 있을 리 없는 척추를 억지로 붙잡고
통증을 참는다고 척추가 펴질 리가 없으니,

그렇게 기울어진 채
우리는 운명처럼

개와 늑대의 시간

먼저 온 손님이 있는 카페였기에
평소와 다르게
그녀의 손을 잡지 않았다

말없이 그녀는 자리에 앉았고,
서로 다른 곳을 바라본 채
서로의 말을 기다렸다

창가에는 한 쌍의 늑대
가, 세월의 흔적을 느끼도록
황혼의 시간 속 가득한 주름
고와, 표정을 알 수 없게
중절모를 눌러쓴 채
노을 같은 눈으로 서로를 바라보며
마주 앉아 있었다

어디서 들어본 듯한 재즈 음악만이
무거운 분위기를 견디지 못해 바닥에 깔릴 뿐

영혼 없는 답변만이 쌓여갔다
서로 영혼의 무게를 가늠하지 못하는 듯

불편한 분위기에 코를 벌름거렸다
창가의 늑대들은 여전히 다정했다
개같이 그 모습이 불편했다

입술이 말라갔다
입술로 혀를 핥느라 입은 벌어졌고,
혀는 움직일 때마다 벼려졌고,
틈 사이로 얘기들이 버려졌고,
잘린 너와 나 사이의 공간이 끝없이 벌어졌다
잘 벼린 혀를 손으로 잡으면 손이 베일 테니

끝내 잡지 못했다
단지 하늘을 갈랐을 뿐

점점 멀어진다
우리를 보내는 그 황혼의 시간이

길을 잃어버린 영혼은 갈 곳이 없고
황혼에 눈을 떼지 못한 개는 짖을 수밖에

말은 여전히 없어
개처럼 짖을 뿐
꼬리를 말고 울부짖는 개처럼,
밤이 오길 두려워하는 개같이,

에어컨을 껐던 걸까
공기가 습하다
비가 올 것만 같다
비가 오기 전에 집에 가,
우산 없이 비를 맞기엔 너무 개 같으니까

소파에 기댄 네 모습 뒤로 늑대가 보였다
손을 잡고 조용히 서로를 마주 보는

가라앉은 소파 위의 자국을 남긴 채 떠나는
개같이 긴 황혼이었다

천사가 무색하게

천사가 있다면 그 색은 무슨 색일까

하얀 날개가 펼쳐지면
그것이 신의 계시라며
너는 한 번도 보지 못한 천사를
쉽게도 천사라고 믿었다

처음 본 날을 기억해
날개를 잃었어도 그건 천사였어
환한 미소를 수줍게 짓고서는 눈을 맞췄어

같은 곳을 바라보고 있다는 것만큼
경이로운 것을 본 적이 있니?
적어도 우리는 같은 차원에서 존재한다는 거잖아
영혼의 주파수가 맞아야만 가능한 일이지
공명하고 있잖아, 느껴지지 않니?

그 순간, 그건 천사였던 거야

이름은 중요하지 않아
모습도 중요하지 않지
그저 믿음이 중요했던 거야

천사라고 믿는 순간부터, 그건 천사였으니까

분명 누렇게 물들어 있었어
군데군데 하얀 구석이 있었을지도 몰라
아니다, 어쩌면 붉은색이었는지도 모르겠어
아니, 여름처럼 녹음이었을지도 모르지

사실 정확히 기억나지 않아
세상은 흑백이었으니까

검거나 희거나, 둘 중 하나였어
넌 검었을까, 하얬을까,
반으로 쪼개진 세상에서

논쟁은 이제 그만
더 중요한 걸 찾았어
그건 흑도 백도 아니었으니까

흑백이 없는 세상에 남겨진 색은 어떤 색일까
그저 웃어줬으면 해 맑게 비춰줄 테니까
환한 미소만이 중요한 이 세상에서
무색한 삶에 천사처럼,

천사는 무색해
천사기에 무색한 거야
네가 이제 천사가 된 거야

하지만 넌 무색하지 않잖아
이 말이 무슨 말인지 알겠니?

혹시 내 말을 이해할 수 있게 된다면
환한 미소로 대답해 줘
그럼 눈물을 흘릴게

천사라는 말이 무색하게

마침표

타닥거리며 무너져 내렸다
재가 되어 온기를 잃어갔다
어디론가 사라져 가는 공기의 밀림이
고요하게 밤하늘을 덧칠했다

몸에 힘을 꽉 주고 눈을 감아봐야
편하게 잘 수 있을 리가
완벽한 어둠이란 죽음밖에 없으니

떠날 수 있을 리가 없잖아
온몸에 긴장감이 번져
의식은 더욱 선명하게 밝아
뛰어봐 벗어날 수 있나
아무리 발버둥 쳐봐

두 손을 꽉 쥐고 사랑한다고 말해봐야
사랑이 포근하게 전해질 리 없듯이

기울어져 갔다
어느 하나 똑바로 서지 못한 채
무게를 견디기에 너무도 연약한 척추는
인생을,
단단한 듯 무른 삶을,
견디지 못했다

태양이 뜨기는 할까
주인 없는,
오갈 곳 없는,
푸념들이 티백처럼 마음을
한없이 물들였다

썼다
빈 종이가 될 수 없는 마음을,
한편에 뭉쳐서 단단해진 흑연들,

우리의 말이 다른 언어로 들리는 건
우리가 다른 세상에서 살고 있기 때문이야
이해한 척 끄덕이기로 해

언제쯤 제 자리를 찾게 될까

그냥 눈을 감아
이제야 사람 같아 보이는구나
참, 사랑스럽다

공기마다 타고 남은 새까만 가루들이 들러붙는다

짙게 칠해 어둡게
눈앞에 아무것도 보이지 않게
하나의 점으로 가려질 수 있게

.

아마 보이지 않겠지
심장에서 물든,
눈 뜨고는 볼 수 없던,
빛의 흔적

3. 의미

무엇으로 증명할 수 있을까

너와 내가 이곳에 있었다는 걸

우리가 사랑으로 태어났다는 걸

노을

선 하나가 그어지면
물감이 번진다

기차가 지나간다
어디서 왔을지 모를 선이었다
도착지를 모를

눈이 감긴다
공간 위로 먹물이 번진다
그 위로 하얀 선 하나
달안개 낀 하늘에 한숨을 그린다

떨리던 그 진동이 멀어지면
심장박동이 조금씩 잦아진다

선의 시작은 점이기에
방언처럼 읊조렸다
조금씩 세계는 무너지는 중이라고

남아있는 미세한 진동에 안심했다

윤회의 집

어머니 그런 눈으로 쳐다보지 마세요 돌아오고 싶어서 돌아온 게 아니니까요 왜 항상 마지막 발자국은 집으로 귀결될까요? 이게 진리라면 진리는 오늘부터 없는 거예요 아버지처럼 살고 싶지 않다고 하셨잖아요 저도 마찬가지입니다 이건 진심이에요 거짓말처럼 돌아왔지만, 이럴 줄 알았으면 태어나고 싶지 않았어요 태어난다는 걸 정할 수 있다면, 우주를 폭발시키지 않았을 거예요 눈 뜨기 전에 세상은 존재하지 않으니까요 또다시 같은 길을 갈 거라면, 사람은 무엇 때문에 살아가는 걸까요? 말 없는 표정이 가슴에 씨앗을 심고 있습니다 가지도 나무라지만, 뿌리 없는 가지가 있던가요? 모든 게 제 탓인 것처럼 말하지 마세요 매달려 살아갈 뿐입니다 집으로 돌아올 수밖에 없는 운명인 걸요 운명을 탓하진 않을게요 뿌리내린 이상, 대지를 떠날 수 없다는 걸 아니까요 문제를 알려주세요 언제쯤 집을 허물 생각이세요? 이제는 떠날 때도 됐잖아요 어머니가 떠나시지 않는다면, 저는 떠날 수가 없어요 새로운 길을 개척해 주세요 모든 게 다 제 손을 떠나있습니다 흩어진 별들을 모아 집을 지었다고 하셨죠 지금도 별들이 부서지고 있어요 먼지가 반짝이는 게 보이시나요? 어디로 가야 할지 알면서도 가지 못하는, 저 또한 반짝이고 있습니다 찰나라는 말을 믿으시나요? 저는 찰나로 부서지고 있습니다 눈을 감았다 뜨면 저는 이제 다른 사람이 될 테니 눈을 떼지 말아 주세요 다시 볼 수 없을 저를 눈에 담아주세요 그렇게 저는 끝없이 분열합니다 끝없이 띠 안에 갇혀서 돌고 있습니다 눈 감지 못한 삶들이, 별처럼 하늘에 수없이 박혀있네요 집입니다 어머니 다시 돌아왔을 때는 저를 봐주시겠어요? 돌아올 수밖에 없는 집에서, 저는 하염없이 반짝이고 있습니다.

유년의 사막

공기의 질감을 구분했던 때부터 입안에서 꺼끌꺼끌한 알갱이를 느낄 수 있었다
심장으로부터 시작된 누수
방출되던 격류를 막을 수 없었기에 메말라야만 했던 표면들이 가뭄을 증명했다

그 누가 결핍을 인정할 수 있겠니
바람이 불 때마다 지반은 조금씩 깎여 나갔다

주변이 온통 숲인데도, 왜 머금지 못하니
갈라진 상처 위로 물을 붓는다고 상처가 낫는 건 아니잖아
제발 말하지 마 침이 튀기잖아 상처가 곪아가
그건 절대 날 위한 말이 아니야

가문 땅이 더욱더 딱딱하게 굳어갔다

하늬바람이 불면 여름이 끝날 텐데
말라가는 건 어쩔 수 없는 일이기에
마른 입술을 억지로 핥아가며 버텼다
갈증을 느끼지 않는 듯이

흠뻑 젖지 못해도 작물은 자랐다

사막에 꽃이 폈다면 그걸 사랑해 주겠니
어디에도 햇살을 피할 곳은 없을 테니
성장통이라 넘기기에는 너무나도 따가운

노예들의 갈증은 도대체 누가 풀어주지

아무 말이나 한다고 그게 비가 되진 않아
범람하는 중에도 여전히 메말라가는 섬 같은 사막

모래를 지나면 숲이 나오겠지 모레만 기다려줘
스스로 사랑하지 못하는 사람의 심장은 마치 모래와 같다
모래와 모레를 구분하지 못했던 유년의 시절에

오아시스는 찾았니, 그렇게도 바랐잖아

숲으로 돌아가지 않을 핑계들이 한 편에 쌓여간다
일기예보를 모른 척한 채

모레 비가 온다고 하더라
우산을 준비하도록 해

모래에 우산도 쓸모없을 만큼 비가 내렸다
바라지도 않았는데
막아보려 해도 막을 수 없이 야속하게 내리는 비를
바라보며
눅눅해진 공기의 질감을 느꼈다
비가 그치고 나서야 메말랐었던 표면 위에 발자국을
남길 수 있었다

가을의 궤적

아침은 늘 사과였다
해가 뜨면 빛을 따라 껍질을 깎아 궤적처럼 쟁반 위에 올려두셨다
햇빛에 사과가 물들기 전에 잘게 잘라 입에 넣어주며 작은 목소리로 미안하다고 하셨다

무엇이 미안한지도 모른 채
습관처럼 사과를 뱉고는
가을처럼 궤적을 만들었다

하늘에 찢기며 새겨진 궤적
아버지처럼 살지 않을 거야
당신의 말이 껍질처럼 남아,
당신처럼 살지 말라며 사과를 건넸다
그건 마음이 담긴 사과였다

사과를 좋아했더라면

가을을 놓지 않으려 오므리던 손
햇볕이 뜨거웠던 걸까
결국 바스러질 말들이
미련처럼 구부러져
거리에 가득했다

그건 가을의 궤적이었다

궤적을 보면 알 수 있어
그 눈이 향하던 곳은 항상 바닥이었으니까
가을이 오면 모두 궤적을 남기며 고개를 숙이겠지

엄마, 하늘을 보세요
구름이 지나가요
누군가 여기를 떠나가나 봐요
다시 돌아올 수 없겠죠
이건 물음이 아니에요
혼잣말이니 듣고 있다면 모른 척해주세요
구름이 햇빛을 가려주니 이제 눈을 뜰 수 있어요

눈을 뜬다고 아침이 올까

사과를 준비해
아침이 오면 사과드려야 하니까
흐린 날도 눈을 뜬다면,
빛 하나 없는 방일지라도
그건 아침일 테니

습관처럼 사과를 준비했다
비어버린 방 안에
가을의 궤적만이 남았다

귀가

오랜만에 집에 돌아왔다
그는 옷을 모두 벗은 채 출근 준비 중이었다
내 앞에서 한 번도 나체를 보인 적 없던 그가
나체로 방 한가운데 서서 옷을 고르고 있었다

열려 있으나 들어갈 수 없는
상자 앞에 서서
보이지 않는 문을 상상했다
이제는 볼 수 없는
등 돌린 그를 그리며

내리는 비를 피하고자 들렸던 것뿐인데,
작은 틈새로 그를 엿봤다
내 앞에서 옷 한 번 벗은 적 없던 그였기에

그는 여전히 옷을 고르느라 분주했고,
그는 여전히 나체였고,

나도 여전히 젖어 있었다

표정은 여전히 알 수 없었다

그가 고개를 돌려
문을 활짝 열어준다면
(문은 이미 열려있다)

흐릿해진 얼굴을 뒤로 한 채
집을 나섰다
이제 집이라 부를 수 없는

이미 양말은 젖었는데,
호우주의 문자가 핸드폰을 울렸다
화면에는 그의 이름이 떠올라

진아

누구나 다 돌아갈 집이 있다는데
혼자만 돌아갈 집이 없었다

작은 방

햇빛을 숨긴다
암막 커튼을 닫는다
그리움이 빠져나가지 못하도록

너를 안던 공기 하나도
빠져나가지 못하게

바람 한 점에도 사라져 버릴지 모를
그 기억들이 새어나가지 못하게
시간의 흐름마저도 알 수 없게

모든 것을 정지시킨다
마치 죽어 있는 시공간에
서 있는 것처럼

살아 있음을 알게 하는 건 죽음이래
사라지면 알게 될 거야

내가 얼마나 널 사랑했는지

네 말이 혈관을 타고 돌아
머리에 다다른다

눈떠야 할 시간이 온다
삶이 죽음을 증명하듯이

눈뜨면 알게 되겠지
사무치게 그리워했다는 사실을 너의 부재가 증명했듯이

모든 것이 흘러간다
한 번도 멈춘 적 없는 것처럼

눈뜬다
여전히 작은 방이다
태어나 한 번도 떠난 적 없다

누구나 알지만 아무도 모르는 것

언제나 종교는 모텔 옆에서 밝게 빛난다

꽃을 사랑하는 사람은 꽃을 꺾어 화병에 담는다

세계가 붕괴하고 있다는 건 시인이 시를 쓰고 있다는 증거

피안을 건너면 너를 만날 수 있을까

배려로 포장된 오해들이 상자 속에 담긴다

한숨으로 증명되는 삶의 결정
무거워진 공기가 비를 내린다

기우제의 원리를 알고 있습니까
말들을 모아 하늘로 올려보내는 겁니다

수많은 언어가 구름이 되어 거짓말처럼 내렸다
뱉어진 말들이, 거짓말이 내린다

네 말은 번역이 필요해

세계를 표현할 언어를 구하시오

똑같은 하루가 존재합니까

모두가 납득할 수 있는 정의를 아시겠습니까

점으로 수렴하는 빛의 상처

우주는 끊임없이 팽창하면서 무너지고 있습니다

삶의 관

좁진 않을 겁니다
비워 놨으니
하나 누울 자리였습니다
삶 하나 들어갈

사람이란 말은 너무 모나서
부딪히고 부딪혔습니다
깎이고 쳐내고 나야 둥글어졌습니다
사랑이었습니다
하나 누울 자리였기에 그마저 버거웠습니다

하늘의 뜻이었나 봅니다
그 뜻을 알기도 전에 가야 했지만
운명이라 여겼습니다
어느새 손금이 닳아있었기에

무엇 하나 짊어지지 못하고 갑니다
문이 닫힙니다
남은 건 노란 수국 두 송이뿐입니다

꽃등으로 피어라

피려면 꽃등으로 피어라

언젠가 한 번은 핀다면
처음으로 피어야 한다던
당신의 말이 가슴에 흉터처럼 남아있습니다

모두가 꽃은 아니기에
어쩌면 한 번 피지 못할 수도 있습니다
나를 위한 말이 아니란 걸 알기에
그저 바라만 봅니다

그대들은 진흙 속의 연꽃이 되어라

연꽃이 되라는 성인의 말씀이 꽃처럼 피었다 집니다
피고 지는 것만이 전부는 아니기에
때로는 펴지고 싶습니다
눈 뜨지 못해도 태어났기에

필 수 없다면 달겠습니다
연등이 되어 하늘에 매달립니다

꽃등입니다, 한철 피고 진 꽃을 담은 한 생입니다
꽃등으로 피어나지 못해도
연등으로 피어나겠습니다

사자의 소풍

죽지 못해 살아가는 이들이 죽은 자를 기린다
죽을 용기라도 있다면

trick or treat
삶이 장난 같아서 우린 이 밤에 소풍을 가나보다

김밥을 담아줘
단맛이 싫어지는 나이가 됐으니까
사탕처럼 달콤한 사랑이란 게 없다는 걸 이제 모두
알잖아

어떤 청춘은 덧없이 늙어
귀신처럼 분장하고
사람처럼 행동하는 거지
늙기 전에 해야 할 일들이 있잖아

오늘은 사자들의 날이니까
마음이 죽으면 살아있는 건 아니니까
그저 박혀 있는 거겠지
찬합에 담겨 쉬고 있는 거겠지
소풍처럼

김밥으로 완성된 완벽한 소풍

모험과 신비의 나라로
사자들이 처지를 망각하고
웃을 수 있는 또 다른 세계

돈만 낼 수 있다면

김밥처럼 쉬고 있다
모두가 웃으며 소풍 중이다
분장이 지워지지 않았으니 웃고 있을 것이다

trick or treat
네가 누군지 잊을 때까지 미소를 잃지 않도록 해

소풍이 끝날 때까지
밥알이 더 이상 하얗게 질리지 않을 때까지

넌 모두가 애새끼라고 했지
오늘이 지나면 모두가 성인이 될 거야
사자들은 모두 다시 태어날 테니까
그게 정말 죽었던 건지 아닌지는 궁금해하지 마
소풍이 끝난 뒤 남겨진 김밥은 언제나 쉬니까

오른쪽으로 도시오

균열은 오른발로부터 시작됐다
그 길 위로 자국은 더욱 선명해지고
안다는 말이 무색할 만큼
아는 것 하나 없이
안는 것 하나 없이
길을 잃었다

이번에도 오른쪽으로 나가세요
회전 교차로의 중심에서

알(R)이 무엇인지 아시나요
당신 아는 게 꼭 옳지는 않습니다

당신은 참 수다쟁이네요
바퀴가 바닥을 긁는 것처럼 말이죠
잘 알지도 못하는 정의를 가지고
당신은 잘 안다는 듯 이야기합니다

당신은
가부장적인 아버지의 무능함이 당신을 괴롭혔다고,
남자들은 자살하라고 말하네요

당신은
여성주의는 이기주의라 세상을 망친다고,
여자들이 문제라고 말하네요

당신은
베이비붐 세대들이 기득권이 되어
당신의 등골을 뽑아 먹는다고 말하네요

당신은
젊은 것들이 끈기도 없고 의지도 없어서
나라를 망치는 중이라고 말하네요

당신은 도대체 언제까지 오른쪽을 찾아다니실 건가요

물어보는 지금도 당신은 알로(holo) 돌고 있습니다
이 행성에 태어난 우리는 모두 돌고 있습니다

오른쪽으로 도시오
기왕이면 돌 것, 오른쪽으로 도시오
어차피 회전 교차로에서 빠져나가야 할 테니

달맞이꽃

우산으로 하늘을 가려도 항상 어깨가 젖곤 했습니다 때아닌 소나기가 잡초를 기릅니다 잡초로 뒤덮인 마당에 보이는 건 정말 풀 뿐일까요 언제부터 당신은 달맞이꽃을 잡초라고 했습니까 작년에 별이 된 딸과 함께 그렸던 그 꽃은 이제 잡초가 되었습니다 그 그림 한 장을 이제 뭐라고 불러야 할까요 젖은 공기가 숨막히게 기도를 막습니다. 떨리지 못한 진동들이 하늘에 닿지 못합니다 막힌 기도를 누가 들어줄 수 있을까요 피부에 들러붙는 이 꿉꿉한 감촉만큼이나 잡초들이 싫습니다 그제야 나는 여름을 느꼈습니다 하루가 다르게 잡초들이 자랍니다 잡초와 달맞이꽃을 알아보지 못할 만큼, 잡초가 무성해진 동산에서 꽃과 잡초를 구분하는 건 점점 무의미해지고 있습니다 여름이 지나면 달맞이꽃을 볼 수 있을까요 모든 별이 사라지면 달을 볼 수 있는 겁니까 계절이 지나면 다시 볼 수 없다는 걸 알면서도 헛된 말만 되풀이합니다 비가 그치면 좋겠습니다 비가 그치면 풀을 뽑을 수 있을 테죠 장마철이 지나면 제초할 겁니다 땅이 물러 풀을 뽑기에 적당한 질척거림일 겁니다 여름이 가기 전에 달맞이꽃을 맞이할 겁니다 잡초가 아닌 달맞이꽃을.

4. 밤

밤이 되면 눈 뜨는 것들이 있다

잠들지 못하는 밤이면 시를 썼다

쓴지도, 쓰인지도, 모를 시를

이름 없는 집

하늘을 따라 걸었다

이름을 불러줄 이가 없기에
흘러갔다
별들 사이를

걸음을 따라
별들이 흘러내렸고

남겨진 밤하늘이 걷고 있었다

집으로 돌아가는 길

별자리에도 속하지 못해 이름 없는 별들을 위해 하늘에 집을 지었다

세계수

이 시는 쓴 시입니까 써진 시입니까

인과관계가 없이 자란 나무는 없기에
단어를 얽으며 대지에 뿌리박았다

마디의 미세한 떨림이 나이테가 되기 위한 진동수는
얼마입니까
의미 없는 생각들을 흔적으로 새겨갔다

이 숲은 자란 숲입니까 키운 숲입니까

관개한 양귀비의 목적은 묻지 않기로 해
바람이 불면 흔들리며 피어날 테니

꽃과 나무의 관계를 알 수 있겠지
바람이 불면 얼굴을 붉힐 테니까

고립된 세계에 박힌 낱말들은 쓴 겁니까 써진 겁니까

경계에 막힌 숲이 팽창하려 몸부림친다

우연이라 하기로 해
만약 만난다면
그때까지 숨이 붙어있다면
어차피 숲은 또다시 팽창할 테니까

그때 확인해 보자 서로의 나이테를
숲의 중심에서

얼굴을 붉혔다
얕은 뿌리로 남지 않기 위해
흔적들을 남기며 글자를 적었다,
세계를 지탱하는 나무도 있다는 걸

붉은 편지

붉은 달이 뜨면 편지를 썼다
달빛마저 붉게 물든 밤
밤이 만든 안광의 발광,
까만 밤이 무색한
혼자만의
적, 붉은 눈동자에 담긴
밤이었다

밤의 온기는 따뜻해서 아파

갈애는 목이 타도록 사랑을 마르게 하기에, 목젖은 갈라져 입안에선 침 냄새가 났고, 한 번도 사랑해 본 적 없는 것처럼 우리는 밤을 붉혔다

집착하지 말라면서 넌 왜 그렇게 그 말에 집착하니

달은 지구에 가까워질수록 얼굴을 붉힌대
차마 제대로 마주하지 못해

고개를 숙여 편지를 써
환한 밤이 마음을 밝히게
붉게 물든 얼굴에 비친 그대를 떠올리며

이 편지를 받는다면 꼭 답장을 부탁해
첫 문장은 둘만의 비밀이었으면 해
붉어진 달의 표면처럼 아무에게도 보인
적, 없는 모습일 테니까

열없던 적 없는 것처럼,
붉은 달이 뜨면 편지를 쓸 거야
혼자 하는 고해성사처럼

쓴 시

쓰인 글은 쓰다

상처에 소금을 뿌리듯
가슴에 숨겨놓은 단어들을 헤집고, 헤집어
그 곪아버린 검댕을 잉크처럼 푹 찍어 쓴다

써야만 했던 글들이 시가 되지 못해
시답잖게 느껴지고,
쓴 글이 쓰인 것인지 쓴 것인지
쓴 모든 것들을 끝내는 삼키지 못하고
입맛만 다신다

언제나처럼 입맛은 쓰다

맛보고 나서야 씀을 알고,
쓴 글이 쓰인 글이 되면 잠시나마
시답다고 느꼈다

눈 감았다 뜨면 사라질 행복이었지만,
그 맛으로 쓸 수 있었다
쓰지 않으면 느낄 수 없는 맛이기에

또다시 쓸데없는 비유들이 약처럼 달여진다
아무도 반기지 않을 글들이 쓰이고 있다
외면한다고 사라지는 것이 아니듯,
골짜기는 언제나 잉크를 뱉어내고,
당연하다는 듯 글들이 쓰인다

쓰고 또 쓰고
언제나처럼 입맛은 쓰다

인생이라 쓰고,
삶이라 썼다

진아의 숲

그는 바지를 벗은 채 필사했다
종이 위로 그의 잉크가 번져간다
지독히도 악필이 종이를 헤치고 있다

그는 남자일까, 여자일까

상상은 종이를 벗어나지 못하기에
비루한 세계가 검게 물들어 간다
다리가 서서히 벌어진다

그는 여자일까, 남자일까

네 말은 온화하지만, 너무 모나서
귓가를 스칠 때면 항상 상처를 남겨
굳은살이 박이면 좋으련만,
보이지 않는 한마디에 우린 면역이 없었고
흉터는 흔적 없이 늘어간다

볼 수만 있다면

내 한 몸 놓아서라도 불을 켤 수만 있다면
닫힌 창문이라도 바람이 들 수 있게
어두운 방 안에서 연기라도 볼 수 있게

미약한 불빛으로 머리맡을 밝혀

눈을 감고 시를 써
어떤 기억은 상처로 남고
어떤 추억은 나이테가 된다

향기마저 흉터가 되려면 얼마나 덧나야 하는 걸까
눈을 뜨면 진아를 볼 수 있을까

흩어지지 못한 열기들이 모였다
그대를 그리며 열꽃을 피웠다
열없어 이불을 덮었다
시들어 가는 불들이 방안을 검게 물들였다
누워서도 책상을 벗어나지 못한 채 시를 썼다

불면증이 써준 시
시답지 않게 종이에 누웠다
눕혀진 채로 온기를 남긴 채

아물지 못한 상처 위로 열기가 쌓여간다
덧난 흉터에서 잉크가 샌다
버려진 종이들이 나무처럼 사방에서 자라난다

그는 눈을 감으면
항상 숲 한가운데에서 눈을 뜬다고 했다

꿈인지 현실인지 모른 채
진아를 증명하기 위해
그를 찾을 그를 찾아 헤맸다

그는 남자일까, 여자일까

수많은 나무에 흉터를 남겼고,
남겼던 이정표를 더 이상 알아볼 수 없었다

그를 찾는 그를 찾지 못해
숲속에 가만히 서 있을 그를 떠올렸다
어느새 발밑에서 뿌리가 자라났고, 나는 궁금해졌다

진아란 말이 무색하게

시답잖은 시

만약 당신이 이 시를 읽는다고 해도 이 시는 아무 의미가 없습니다
내 삶이 당신에게 아무 의미도 줄 수 없던 것처럼

몇 시가 되면 당신은 내 손가락 끝마디에 새겨진 지문이 닳아버렸다는 사실을 알게 될까요
기다림을 시로 쓴다면 그 시는 서사시가 될 겁니다
시답잖은 이야기로 벌써 몇 시가 지난 걸까요

시답잖은 이야기로 밤을 새우면, 시간은 언제나 새벽 두 시였습니다
평택으로 차를 타고 달렸던 그 시간이 이제 낙인처럼 박혔습니다

새벽 두 시로 회귀합니다
언제나 다른 날, 같은 시간입니다

선생님께선 장황하게 시를 쓰지 말라고 하셨습니다만, 정리되지 못한 감정을 함축한다면 그것이야말로 거짓일 겁니다
선생님께서는 시는 진실해야 한다고 하셨습니다
거짓말처럼 숨기고 있던 감정들이 새벽 두 시에 진실이란 추태를 부립니다

시를 써야 합니다
납치된 잠은 이제 더 이상 제 것이 아니니, 제가 할 수 있는 일은 오로지 시를 쓰는 일입니다

씁니다, 쓰고 또 쓰고
인생은 언제나 쓸 수밖에 없습니다
당신에게 의미를 줄 수 없다면
의미를 찾기 위해서라도 써야 합니다
언제쯤 우리는 같은 것을 보며 고개를 끄덕일 수 있을까요

아마 그런 날은 오지 않을 겁니다
당신의 세계와 나의 세계가 다른 종이에 쓰인 걸 알

고 있기에, 그런 욕심은 부리지 않기로 했습니다
하지만 새벽 두 시만 되면 나는 그 종이 두 개를 포개
고는, 마치 하나의 종이인 듯 그 위로 시를 씁니다

시라고 말하기 부끄러운 욕망을,
검고 검어서 새하얀 종이를,
물들일 수밖에 없는 이야기입니다

우리의 세계는 끝없이 분열 중입니다
그 분열의 끝에 언젠가 세계가 모든 형체를 잃고 하나가 되길 바랍니다
그때 다시 만날 수 있다면, 그건 정말 시다운 시일 겁니다

밤의 단상

밤이 오면 눈을 감았고
눈 감으면 밤이 눈을 떴다

밤이 밝았다
밤하늘이 웃고 있었다

잠깐이지만, 이 순간이 영원하길 바랐다
커튼을 잡아 하늘을 막고 싶었다

어김없이 행성은 돌아버렸고
그 미소를 다시 볼 수 없었다
돌지 않는 별은 죽은 별이기에

또다시 밤은 찾아오고,
나는 눈을 감을 수밖에

밤이 온다
눈을 감는다
밤하늘이 웃는다

그 미소는 곧 사라질 테지만

다시는 볼 수 없는 미소가
감긴 눈 위로 빛나고 있다
네가 빛나고 있다

빛은 점점 희미해진다
네가 눈 감고 있다

머릿속의 불이 꺼지고,
불나방이 된 듯
너를 향해 날아든다

별밤이다
밤마저 연소하는,
그런, 밤이다

비밀 편지

유념해, 더 이상 유념할 수 없지만

무리해, 무리 없는 하늘이지만

우리의 무리를 유념해 곧 비가 올 테니까

밤이 찾아오면 어김없이 달안개가 진다

달안개 지나 달꽃이 피면

모시지도 않는 주님에게 빌었다

부디 행복하세요

이건 진아만 알아볼 수 있다

잠의 등대

눈 감으면 밤하늘이 보였고,
밤하늘을 보면 아이를 그리게 됩니다

빛은 과거로 향합니다

왜 밤하늘은 빛날수록 더욱더 검게 물드는 걸까요
그린 날들이 겹칠수록 색을 덧칠합니다
이제는 맑아질 수 없는 까닭까지도

무게를 견디지 못해 뻣뻣하게 굳은 목덜미를 어찌해야 할까요
베개에 편히 눕지 못하겠습니다
뒤틀리며 편한 자세를 찾아가는 과정은 언제나 괴롭습니다
밤이 되면 어김없이 밤을 밝힙니다
두 눈가는 뜨거워지고, 밤은 그렇게 눈을 감습니다
이렇게 좋아할 거라면,

처음부터 사랑할 걸

잠들지 못한 불빛들이 반짝이고 있습니다

귀하는 잠을 잔 지 얼마나 됐습니까
귀잠을 자본 적 있습니까

아이가 잠을 납치해 갔습니다
밤마다 켜진 등대는 이불을 건너 잠의 바다로 인도합니다
눈 감았다고 모두 잠든 게 아니듯,
잠도 다 같은 잠이 아닐 겁니다

끊임없이 뒤척입니다 기억을 뒤지듯
수잠, 수잠, 수장, 반복되는 옅은 수면입니다
잠의 바다는 한 번도 친절한 적이 없었습니다

이틀을 자지 못하면 정신병에 걸린다는데,
어쩌면 이미 제정신이 아닐지도 모릅니다
제정신이라면 이렇게도 밝은 빛을 탐하지도 않았을 테니

등대가 또다시 불을 밝힙니다

적당한 어둠은 안정감을 주기에
눈을 감아야겠습니다

눈 감아도 밝은 빛이라면
그건 아마 제 욕심일 겁니다

신체 찾기

어둠이 오면 어김없이 그녀는 잠을 납치했다 꿈도 희망도 없는 밤이 시작됐다
심장의 두근거림이 느껴진다 숨을 쉬고 있다 눈을 감는다 어렴풋한 빛은 헛된 희망이 될 테니 지금 잠들지 않으면 내일은 죽을 것이다 생명이 촛불처럼 타들어 간다 머리에서 불이 나기 시작한다 소리 없이 열없어 불이 난다 아무것도 태우지 않는 불꽃은 오로지 마음만을 태우고 있다 심장에 그을음이 남는다 눈앞의 어둠이 점점 짙어진다 심장이 타들어 갈수록 컴컴해진다 눈이 떠진다 보이지 않는다 눈이 느껴지지 않는다 감각이 사라진다 몸이 사라지고 있다 언젠가, 이제는 기억할 수조차 없는 밤에 어머니가 해주셨던 이야기가 떠오른다 사람이 죽으면 무게가 줄어 영혼의 무게만큼 무게가 주는 거지 잠을 잘 때 네 무게를 재봤니, 잠을 자면 사람은 가벼워져 영혼이 육체를 떠나 다른 세계를 여행하거든 그게 꿈이야 꿈꾸고 있니, 네 영혼이 네 몸을 떠난 거란다 또 다른 신체를 찾아서

새로운 경험을 찾아서 여행을 떠난 거야 꿈꾸지 못한 다면 넌 어디에도 갈 수 없다는 거야 새로운 걸 경험할 수 없다는 거지 희망이 없는 거지 잠을 자는 게 아닐 거야 그건, 밤의 의미를 퇴색시키는 슬픈 밤일 거야 눈을 감고 잠들어야 한다 잘 자라 우리 아기 그 말을 남겨둔 채 그녀는 영원히 잠에 들었다

심장의 두근거림이 느껴진다 눈을 감는다 잠들고 싶다 잠들 수 없다 정신이 또렷해진다 벗어날 수 없는 육체의 느낌이 선명해진다 머리를 느낀다 목을 느낀다 어깨를 느낀다 팔을 느낀다 손을 느낀다 등을 느낀다 배를 느낀다 허리를 느낀다 엉덩이를, 허벅지를, 무릎을, 종아리를, 발을, 느낀다 조금씩 중력이 강해지고 있다 몸이 가라앉는다 지면이 녹아든다 내 몸은 이제 사라진다 아무것도 느낄 수 없다 그녀의 목소리가 들리는 듯하다 나는 지금 잠을 자는 걸까 꿈꾸고 있는 걸까 어둠이 짙어진다 느낌 없는 몸을 더듬거린다 움직이지 않는다 눈을 찾는다 몸을 찾는다 신체를 찾는다 영혼을 찾을 생각조차 하지 못한 채.

밤하늘에 별이 사라지는 이유

각주가 필요한 유머만큼 웃긴 건 없다
설명해야만 알아먹는 사람들이 수은등처럼 웃는다

그건 내가 쓴 시야
우습게도 웃을 수밖에 없었다

식상하게 밤을 썼네
클리셰처럼 형용사를 골랐고
아직도 자의식이 과잉인 건지
시에서 나를 빼지 못했어
웃음 밖에 나오지 않아
언제쯤 시를 쓸 거야?

의미 없는 말들이 별처럼 가슴에 박힌다
도시의 밤에 별이 점점 사라지는 이유

무뎌지는 만큼 밤은 어두워지고,
네온사인이 그 자리를 대체한다
잠들지 못하는 밤에 우리가 시를 쓰는 이유

의미 없는 말들을 모아 풍등으로 날려 보냈다
밤하늘에 별처럼 박히길 염원했다

5. 서울의 밤

서울의 밤에만 보이는 것

빛날 것인가 먼지가 될 것인가

모두 반짝이기에 서울의 밤이다

시인병

존재의 증명은 부재를 통해 이뤄진다

있을 때 잘하란 말을 어렵게 하시네요
언제부터 이런 증상이 있었나요
시시합니다, 시답잖은 말씀을 하시네요

당신은 시를 아십니까

화려한 미사여구가 시를 만드는 겁니까
식상한 은유가 그럴듯한 말을 만드는 겁니까
독자가 알아들을 수 없는 말을 해야 하는 겁니까
진리를 표방한 헛소리가 시구가 될 수 있는 겁니까
무너진 상아탑을 언제까지 다시 쌓을 생각입니까
시인이란 말은 도대체 누가 붙이는 겁니까

시를 사랑합니다

열등감을 바탕으로 한 과대망상
예술을 가장한 병적 집착

시답습니다, 시인입니다

당신의 시가 시가 될 수 없는 이유는
당신이 시인이 아니기 때문입니다
장황한 말을 늘어놓으시는군요
진단하겠습니다
시인병입니다

시를 쓰는 이유가 하나 더 늘었다

서울의 밤

그대의 삶이 중반에 다다랐을 무렵,
시작이자 유년의 끝이었던 그곳에,
우리는 다다랐다

캔모아가 있던 자리에는 중고 서점이 자리했고,
서점에는 낡은 이야기가
한두 번쯤 읽혔을 베스트셀러들과 나란히 앉아
여전히 서로의 가치를 경쟁하고 있었다

앞쪽에 진열된 철 지난 베스트셀러들이 조명을 받으면,
관심에서 벗어난 당신의 이야기는
어디 한 구석, 먼지들과 자리했고,
아무도 관심 없는 그 이야기는 더 이상 제값이 아니었기에,
이미 한 번쯤은 팔렸었기에,
당신의 이야기 또한 의미 없이 팔리고 읽히길 기다리며
점점 가격을 내릴 뿐이었다

아무도 찾지 않는 이야기가 눈감았다
그저 밤이었다
어김없이 서울의 밤이 밝았다
팔리지 못한 이야기들이 공기처럼 죽어있었다

문 잠긴 백화점 옥상에서 만나기로 해, 그때처럼

위에서만 잘 보이는 것들이 있어
네 머리가 저 멀리 점처럼 보여
빛나고 싶었구나

별은 죽을 때까지 자신을 태운대
그렇게 점멸해서 스스로를 밝히는 거지

우주의 궤도에서 뛰쳐나온
길 잃은 작은 별

서울에선 쓸모로 별들을 가늠했고
보이지 못한 말들은 쓰인 적 없어 흔적 없이 흩어졌다

번쩍이는 점들을 봐
온기가 느껴지니?
길 위에 이어진 노르스름한 불빛 사이로
바쁘게 식어버린 먼지들
언젠가 별이었을지도 모를

언제쯤 이렇게 빛날지
서울의 심장을 뛰게 하는 건 식어버린 별들이니
따라가기 바빴을, 떨어질까 두려움에 떨고 있었던
셀 수 없이 많은 먼지가 모여들어
자신의 위치를 확인받고
반짝임은 점으로 수렴한다

조명마저 흐릿한 중고 서점에서
당신의 이야기는 팔리고 팔리다 이제
중고 서점 한 모퉁이에 걸쳐
한 사람의 한 시간 값어치도 되지 못한 채
사람들을 맞이했다

아무도 관심 없을 희망의 소비자 가격이 낙인처럼 박혀있었다

스푼 라디오

보이지 않아야 말할 수 있는 것들이 있다

숨겨진 또 다른 세계
우리 관계의 현실성을 가늠할 수 없어

목소리만으로 남겨져 있기에 안심했다
이름 없는 망령들은 얼굴을 가린 채
사랑한다고 말했다

연기가 되어 귓가를 가득 채우는,
흩어지고 나서야 흔적을 찾게 되는,
빙의가 된 줄도 모른 채

잠식되어 가는 입안에
그물이 펼쳐졌다

우리가 믿는 걸 믿을 수 있겠니?

신앙 없는 신자들의 종말
네가 있는 한 세상은 절대 멸망하지 않아
죽고 싶어도 죽을 수 없을 거야
다시 돌아올 테니까
그물에 잡힌 물고기처럼

남겨진 목소리를 만질 수 있을까

대답은 언제나 망령의 몫으로 남아
언제쯤 우리는 대답할 수 있을까

네 목소리를 기억해
우리는 하나였으니까
이뤄질 수 없는 퇴마의식을 거행하면서

말하지 못하는 벙어리들이
가장 순결할지도 모르지

성역이 없는 갈라진 세계

다시 만나기로 약속하자
노예의 삶은 이제 지쳤으니까
만질 수도 볼 수도 없는
라디오 안에서

암묵적인 기억

누구에게나 추억은 있다
한 장으로 남겨진 상처가
미련처럼 남았다

연남동 골목길에는
잘못 발라진 석회처럼
덧칠된 장면이 남아

빛 조절에 실패해 부서진 사진처럼
네가 좋아하던 찢어진 렌즈처럼

말하지 않아도 알 수 있었다

네가 번졌다

형체마저 알아볼 수 없게,
감정만이 남겨지게,

다채롭던 색은 바래
흑백사진으로 남아

네가 바라던 건 뭐였을까
빛이 남긴 상처가
거짓말처럼 번진다
추억이란 이름이 바래진다

바래져도 기억되는 게 추억이래
암묵적인 규칙처럼 암묵적으로 아는 거지
암묵 기억이 상처처럼 남는 거야

사랑을 바랐던 마음이 상처처럼 남아
네 모습을, 감정을, 기억을, 바랬다
바라 마지않던 바람이 바랜다
바랜 바람을 그대로 남긴다
남겨진 기억이 널 위해 기도한다

이건 암묵적이다

탱고 오낫다(Tango orNotDie)

칼을 들어라 콤파드리토(Compadrito[*])여
언제까지 고상한 척할 텐가

탱고를 추는 이 중 칼 들지 않은 이가 없었네
론다(Ronda^{**})에서 언제나 우린 죽을 준비 중이었네
아니 어쩌면 모두 죽었는지도 모르겠네

지하로 내려가면 그곳은 던전(Dungeon)이니까

벗어날 수 없는 망령들
그들은 탱고를 추는 사람들

---

*. Compadrito: 툭하면 싸우는 사람, 불량배를 뜻하는 스페인어다. 아르헨티나 거리에서 나타난 멋쟁이 건달 스타일의 남자를 뜻한다. 탱고를 추는 사람들은 대부분이 콤파드리토였다. 콤파드리토는 언제나 가슴속에 칼을 품고 다닌다. 언제든 경쟁자를 찌를 수 있게.

**. Ronda: 론다는 춤을 추는 사람들이 원형으로 회전하면서 공간을 사용하는 방식이다. 이는 탱고의 중요한 에티켓과 관련이 있으며, 춤추는 공간에서 질서를 유지하고 원활한 흐름을 보장하기 위해 필요하다. 그 끊임없이 돌고 도는 론다 안에서 탱고는 계속해서 반복된다. 굴레는 끝기지 않는다.

이방인을 반기지 않는 이민자들
삶에서 도망쳐온 자들이,
삶에서 벗어난 자를 멀리하네

그들은 단지 욕망으로 움직일 뿐

금요일 밤, 살지도 죽지도 못한 자들이 모였네
그들은 자신의 던젼으로 흘러 들어가네
여전히 사람들은 그들에게 관심이 없네
사랑받고 싶다, 외침이 지하에서 메아리치네
부딪힘 하나 신경 쓰지 않는 그들의 품속에
여전히 칼이 숨어 있네
그 굴레를 끊지 못하고, 여전히

무엇을 죽일 것인가

그들은 칼을 겨누고 있네
그 끝이 어디를 향하는지도 모른 채

위성은 출 수 없는 탱고

한 발자국을 건넸을 때
심장은 하나였다
떨어지지 않은 채 행성을 표류했다
여섯 발자국의 타일 안에 갇힌 채
서로의 소리에 집중했다
회전목마는 결국 제자리일 텐데
주위를 맴돌면서 당장에 떠날 수 있는 듯 착각을 하고
조금씩 멀어지는 거리를 실감했다

하나의 별이 되자고 했잖아
소리의 떨림이 진동을 멈추고 나면 그건 어디로 사라지는 걸까

심장박동이 사분의 사박자를 견디지 못해 세 마디로 나뉘어 간다

달처럼 주위를 돌고 나면 박자를 느낄 수 있을까
엇박자로 멜로디를 벗어나는 춤을 춤이라고 할 수 있겠니

궤도에 오르지 못한 별들이 은하의 반대편으로 멀어져 갔다

위성으로라도 남아줘

말도 안 되는 말이라고 생각하면서도
박자를 세지 못해 길을 잃고

끊임없이 오초˚, 또다시 반복, 오초
벗어날 수 없어 손을 맞잡고 아브라소
출구 없는 출발이기에 영원히 은하계 안에서
떠나지 못해, 떠날 수 없는, 위성으로 남아

밀롱가에 남겨진 음표들이 바닥에 짙게 깔려
무거워진 발자국은 거리를 벌려 가는데

˚. Ocho: 스페인어로 "8"을 의미하며, 춤에서 팔자 모양(8자)을 그리는 발동작을 가리킨다. 이 동작은 탱고의 기본적인 스텝 중 하나로, 팔자 형태의 움직임을 통해 파트너와의 연결을 강조한다.

아브라소는 그대로 행성 간의 간격을 막아선다

탱고로 시작했으니, 탱고로 끝내줘

멀어지는 진동에 귀를 기울이며 우주의 크기에 대해 생각했다

아브라소(Abrazo[*])

춤을 추기 위한 첫 번째

안으세요
안기세요
안아주세요

혼자서는 출 수 없는 춤이기에
한 번이라도 알아볼 수 있었다면
안아주세요

아직도, 당신은 혼자 서 있네요
사람(人)은 서로 기대어 서 있는 겁니다
홀로 섰다고 착각하네요
그 춤이 완성되지 못한 이유겠네요

---

[*]. Abrazo: 팔로 꼭 조임, 포옹, 성행위, 무엇이든 이건 안는 거다. 춤은 안기부터 시작한다. 안아야 출 수 있다. 안아야 심장을 느낄 수 있다.

심장박동을 느껴본 적 있나요
가슴에 와닿는 그 떨림을

넌 단 한 번도 춤을 춘 적이 없어, 그저 만졌을 뿐
아브라소가 뱀처럼 상대를 휘감지
탱고, 그 사창굴의 뱀
그걸 사랑이라 할 수 있겠니

안으세요
안기세요
안아주세요
탱고를 배우세요

네 심장이 하나가 될 때까지, 탱고를 배워라
어머니는 말씀하셨다
눈을 감고 그를 느껴, 그와 네가 하나의 축에 설 때까지

안는다는 건 만진다는 것
만진다는 건 느낀다는 것
당신의 심장을 느끼고 싶다는 건

서울의 밤

그게 탱고라는 걸

춤추는 사람들에게
그 탱고 리듬이 이정표가 되어
불을 밝혀줄 거야
열정의 입김에 기운 난 뱀들처럼

열등감이 만들어낸 간극이 리듬을 만든다
벌어지면 안 된단 걸 알면서도 멀어지고 만다
사랑 좇는 그 인간쓰레기

춤을 춘다
쓰레기들이
뱀처럼 엮여 있다
그 열정이 검게 불타고 있다
심장이 멀어져 있기에

춤추는 슬픈 생각들이 심장으로 만났다
가슴으로 추는 춤이 있다면 그건 탱고야
어머니의 말씀처럼 심장박동을 느꼈다

오초(Ocho*)

그 간격 안에서 몇 번을 반복해야 하는 걸까

넌 가만히 서서 안내할 뿐이다
난 리드를 읽기 위해 눈을 감는다
네 마음이 어디로 향하는지

억지로 당기며 휘두르는 팔이 거칠더라도,
여지가 없는 대화가 때론 상처를 주더라도,
또다시 기댄다
너를 안기 위해

이건 탱고 이야기야
절대 사랑 이야기가 아니야
단지 기대려는 게 아니니까
네 리드가 있어야 움직일 수 있으니까

---

*. Ocho: 8, 반복된다. 상대를 벗어날 수 없는 끝없는 뫼비우스의 띠에 갇혔다.

이건 혼자서 출 수 없는 춤이니까

초라하게 론다(Ronda*)에 서서 네 말을 기다리고 있다

무슨 움직임이라도 내게 전해주겠니
론다에 서 있는 건 불문율이니까
이 노래에 내가 뭐라도 전할 수 있게
시작 없이 전할 수 있는 게 없으니까

아무리 심장이 닿아있어도 들리지 않는,
심장박동을 느끼려 또다시
널 기다린다

사랑 없는 론다에 음악이 깔리면
그 노래는 Por una cabezza**
땀으로 젖은 바닥 때문에
오초는 삐걱대며 돌아간다

---

*. Ronda: 론다는 반시계 방향으로 움직인다. 마치 시간을 역행하듯.

**. Por una cabezza: '간발의 차이로'라는 뜻의 노래다. 카를로스 가르델의 탱고 노래, 영화 '여인의 향기'에 등장해 많은 인기를 얻었다. 간발의 차이는 언제나 찰나이다. 마음은 찰나에 결정된다.

이건 절대 눈물이 아니다

무한의 궤도에서 오초가 반복된다
뒤로 걸으며 회전은 계속된다
난 여전히 기댈 수밖에 없다

오초, 오초, 오초, 또다시 오초
그제야 네 말을 알아듣고,
알면서도 또다시 눈을 감고,
장님처럼
노래를 기다린다

우로보로스의 뱀

꼬리에 꼬리를 물고 있다
어차피 이어질 거라면 닮지 말았어야지
부모가 뱀이니 딸도 뱀일 수밖에
유전자가 잘못했네
알면서도 탓한다

그건 그녀가 뱀띠인 탓이다

뱀은 꼬리를 먹는데요
그게 끝인지도, 시작인지도,
아무것도 알지 못하면서
모든 걸 다 아는 것처럼
결국, 꼬리를 문 데요

그게 자신인지도 모르고

아빠처럼 살지 않겠다던 그 말이
꼬리에 꼬리를 물고 이어진다
시작은 거기에 있을까
물으면 물을수록 잔상은 강해져 머리에 남아
이정표를 남긴다, 갈 길이 정해진 것처럼

당신처럼 발레하지 않겠어요
혼자가 아닌 둘이 얽혀
뱀처럼 탱고를 출 겁니다

당신의 삶은 어디까지 돌고 돌 것인가

허물을 벗어도 뱀은 뱀이기에
삶의 바통을 이어받고

더 나은 사람이 될 수 있겠죠

알파이자 오메가입니다

머리가 꼬리가 되었을 때,
이미 마침표는 사라져
모든 것이 과정이었음을

오뜨라 밀롱가(Otra Milonga*)

삶은 사분의 이박자를 벗어날 수 없어
적어도 내 삶은 그래
그녀의 눈이 내게 말했다

눈을 맞춰줘
그쪽으로 갈 수 있게
서로의 삶을 엿보는 순간이
찰나로 사라지지 않게
널 볼 수 있게

그녀의 고개가 인형처럼 끄덕였고
운명처럼 까베세오(Cabeceo**)였다

---

*. Otra Milonga: 다시 한번 더, 또다시 밀롱가. 밀롱가는 탱고가 살아나는 곳이다. 사람과 사람이 가슴으로 만나는 자리, 그리고 음악과 시간과 감정이 어우러지는 순간이다.

**. Cabecceo: 끄덕거림, 꾸벅거림, 흔들림 이란 스페인어이다. 탱고를 추기 전 서로의 의사를 확인하거나 춤을 요청하는 방식으로 쓰인다. 서로 눈을 마주치고 고개를 끄덕이면 춤을 승낙한 것이다.

눈을 맞춘 순간 알 수 있었어
이 발걸음이 멈추지 않을 거라는 걸
절대 그 걸음을 멈추지 마
박자를 놓치는 순간 우리의 춤은 끝날 테니까
심장박동이 멈추지 않는다면, 우린 살아있는 거잖아
삶을 증명하는 박자야
밀롱가에서 춤춰줘
이 순간이 멈추지 않게

그녀의 등 뒤로 심장의 고동 소리가 느껴진다
심장이 그림을 그리며 춤춘다
그 박자는 모스부호 같아서 말을 걸어온다

밀롱가를 좋아한다고,
어머니가 좋아하셨던 춤이었다고,
서울이란 도시 속 이민자의 삶은 고단했기에
심장이 멈추지 않게 춤을 춘다고,
지구를 떠날 수 없는 달처럼 그저 서성일 뿐이라고.

메디아 루나(Media Luna*)로 춤추고 싶다 했다

다시는 그 추억을 먹을 수 없기에,
중력을 벗어날 수 없었기에,
우리는 그저 두 손을 맞잡고 계속해서
행성처럼 공전했다

반도네온이 우는 밀롱가에서

마지막 노래가 끝나간다
공기의 진동이 멎는다
우리는 무겁게 가라앉아
그 걸음을 멈출 수밖에 없다

잠깐의 정적이 흘렀고,
그녀의 심장은
여전히 말을 건넸다

---

*. Media Luna: 반달이라는 뜻으로, 탱고에서 쓰이는 춤 동작 중 하나이다. 또 다른 뜻으로는 아르헨티나인들이 주로 아침에 커피와 함께 곁들여 먹는 반달 모양의 크루아상을 이야기하기도 한다.

손끝으로만 들을 수 있는
은밀한 대화를

시간이 멈춘 론다(Ronda*)
마지막으로 그녀는 눈을 맞췄다
또다시 밀롱가,
사분의이 박자 리듬 안에서
그녀의 눈이 내게 말했다

---

*. Ronda: '회전하다, 돌다'라는 스페인어에서 유래한 단어, 탱고를 추는 댄서들이 춤을 추는 공간이다. 끊임없이 돌고 도는 그곳에서 오쁘라 밀롱가다.

꾸니따(Cunita*)

이 딴다(Tanda**)가 끝나가는데
당신이 보이지 않는다

윤회하듯 돌아가는
론다(Ronda***) 안에서
당신의 모습을 찾을 수 없다

당신은 도대체 어디에 있는가

당신은 왜 당신인가요
당신은 여기에 없는데
당신을 떠올립니다

---

*. Cunita: 스페인어로 요람, 아기 침대를 뜻한다. 마음이 담기는 순간, 그곳은 요람이 된다.

**. Tanda: 탱고에서 한 사람과 연속으로 춤추는 3~4곡의 음악 세트를 이야기한다. 마지막 딴다는 되게 연인 혹은 자신의 파트너와 춤을 춘다. 그것은 불문율이다.

***. Ronda: 탱고는 계속해서 론다에서 반복된다. 당신에게 돌아갈 수밖에 없는 나의 운명처럼.

서울의 밤

육체는 없는데
당신의 향기가 마음에 남았네요
당신은 이제 나의 또 다른 신앙입니다

론다에는 신을 숭배하는
땅게로스(Tangueros*)만이 남아 그 밤을 축복한다

이 춤은 신을 향한 봉헌이야
심장과 심장을 가깝게 붙인 이유지
심장을 바칠 수 있는 사람만이
신에게 사랑받을 거야

당신에게 말이지

몸이 하나의 집이 되어
신을 모시는 거야
당신이 올 때까지 기도를 올려
그게 미신일지라도

---

*. Tangueros: 탱고를 사랑하고, 탱고를 추는 사람들. 심장과 심장이 하나 되는 순간에 신을 위한 춤이 완성된다.

새로운 신앙의 탄생
숭고한 믿음은 춤을 완성시키지

탱고를 추자
너와 나를 잊을 수 있게,
윤회를 벗어날 수 있게,
이 론다 안에서

마지막 딴다가 끝날 때까지

당신은 여전히 여기에 없는데,
론다 안의 사람들의 얼굴이
당신의 얼굴로 채워진다

밀롱가에 온통 당신뿐이다

경건하게 옷매무새를 가다듬고
향수를 뿌려 예를 갖춘다

당신을 맞이하기 좋은 밤
온몸에서 당신의 향기가 난다

송화

눈물을 흘렸다
겨울과 봄 사이의 틈에서

훌쩍였다
당신은 모든 게 비염 때문이라 했다

겨울이 머문 자리가 녹기도 전에
꽃가루가 날렸기에,
우리는 봄을 피해 지하로 몸을 숨겼다

지하에는 사람들이 모여 탱고를 췄다
계절 사이의 틈만큼이나
심장 사이의 거리가 벌어졌다
그들은 탱고에 관심이 없는 듯했다

피할 수 없는 윤회에
당신은 또 훌쩍일 수밖에

이건 다 꽃가루 때문이야

꽃 벽이 되지 못한
벽 꽃들의 꽃가루가 날렸기에,
당신은 훌쩍이며 안쓰러워했다

소나무 숲으로 가야겠어

당신이 손을 붙잡고
마른 소나무가 가득한 숲으로
날 이끌었다

어차피 훌쩍일 거라면
다시 태어나지 말자

계절을 알 수 없는 그곳에서
당신이 심중에 속삭였다

그럼, 우리 이번 생을 사랑하기로 해요

당신을 대신해 말했다
이건 당신도, 나도,
해본 적 없는 말이었다

당신은 그저 말없이 안았다
봄처럼 따뜻한 아브라소(Abrazo˚)였다

봄은 아직 오지 않았는데
여전히 훌쩍였다
당신은 모든 게 꽃 때문이라 했다

노란 송화였다
어차피 금세 꽃가루로 사라질 테지만
이번 생만큼 아름다웠다

˚. Abrazo: 포옹을 의미하는 스페인어, 탱고를 추는 기본 동작이다. 두 사람이 서로를 안고 공유하는 감정과 에너지의 공간에서 탱고가 나온다. 이건 또 하나의 삶이 탄생하는 것과 같다.

서울의 밤

초판 1쇄 인쇄 2025년 8월 06일
초판 1쇄 발행 2025년 8월 06일

지은이   양희범

디자인   포레스트 웨일
펴낸이   포레스트 웨일
펴낸곳   포레스트 웨일
출판등록 제2021-000014 호
주소   충청남도 아산시 탕정면 용머리길 40 유니콘101 216호
전자우편 forestwhalepublish@naver.com

종이책   979-11-94741-34-3

ⓒ 포레스트 웨일 | 2025
· 이 책은 저작권법에 의하여 보호받는 저작물이므로 무단 전재와 복제를 금합니다.
· 이 책 내용의 전부 또는 일부를 이용하려면 사전에 저작권자와 포레스트 웨일의 서면 동의를 얻어야 합니다.

작가님들과 함께 성장하는 출판사
포레스트 웨일입니다.
작가님들의 소중한 원고를 받고 있습니다.
forestwhalepublish@naver.com